BARREAU DE POITIERS

DE LA CONSTITUTION

DES

JURIDICTIONS CONSULAIRES

DISCOURS

PRONONCÉ

A LA SÉANCE SOLENNELLE DE LA RÉOUVERTURE DE LA CONFÉRENCE
DES AVOCATS STAGIAIRES

Le 17 Décembre 1892

PAR

Georges GUÉRY

Avocat à la Cour d'Appel, Secrétaire de la Conférence

POITIERS

IMPRIMERIE BLAIS, ROY ET Cie
7, RUE VICTOR-HUGO, 7
—
1893

DE LA CONSTITUTION

DES

JURIDICTIONS CONSULAIRES

DISCOURS

PRONONCÉ

A LA SÉANCE SOLENNELLE DE LA RÉOUVERTURE DE LA CONFÉRENCE

DES AVOCATS STAGIAIRES

Le 17 Décembre 1892

PAR

Georges GUÉRY

Avocat à la Cour d'Appel, Secrétaire de la Conférence

POITIERS

IMPRIMERIE BLAIS, ROY ET Cᴵᵉ

7, RUE VICTOR-HUGO, 7

—

1893

Le samedi 17 décembre 1892, à deux heures, l'Ordre des Avocats à la Cour d'appel de Poitiers s'est réuni, en robes, dans la salle d'audience de la première chambre de la Cour, pour assister à l'ouverture de la conférence des avocats stagiaires.

Étaient présents : M. Charles Pichot, Bâtonnier, présidant l'assemblée ; MM. Orillard, Druet, Séchet, Mousset, Tornezy, membres du conseil de l'Ordre ; MM. Parenteau-Dubeugnon, Le Courtois, Paul Mérine, Ducos-Delahaille, Fontant, David, Deleffe, avocats inscrits au Tableau.

La Barre était occupée par MM. les avocats stagiaires.

M. le Bâtonnier a ouvert la séance, a annoncé la reprise des travaux de la conférence et a prononcé une allocution.

La parole a été ensuite donnée à M. Touchard, qui a lu une étude sur la *Condition légale de la femme*.

Puis, M. Guéry a lu un travail sur la *Constitution des Tribunaux consulaires*.

Après ces deux discours, le Bâtonnier a réglé le service de la conférence pour les séances ultérieures.

La séance a été levée à quatre heures.

A Poitiers, les jour, mois et an que dessus.

AUTEURS CONSULTÉS

BACON. — *Essais de morale* (ch. LII).
BÉDARRIDE. — *Juridiction commerciale* (N°ˢ 83 à 89).
BONCENNE. — *Théorie de la procédure civile.*
BORNIER. — *Conférence sur l'Oᶜᵉ du commerce* (t. II, p. 176).
CARRÉ. — *Lois de la compétence* (t. II, p. 263 et s.).
DEMOSTHÈNES. — *Contrà Apaturius et Phormion.*
DEMANGEAT. — *Sur Bravard* (t. VI, p. 344 et s.).
DENIZART. — *Tome I. 5°, Consuls.*
GASSE. — *Manuel des juges de commerce.*
GENEVOIS. — *Histoire de la juridiction consulaire* (p. 254).
JOUSSE. — *Commentaire sur l'Oᶜᵉ du commerce* (tit. XII).
LOCRÉ. — *Tome VIII* (p. 89 à 101).
LYON CAEN. — *Droit commercial*, t. I, édit. défin.
MARESCHAL. — *Traité des juges et des consuls* (Liv. I, tit. I).
MÈZERAY. — *Histoire de Charles IX*, (édit. de 1717).
MONTESQUIEU. — *Esprit des Lois* (Liv. XX, ch. 20).
NICODÈME — *Exercice des commerçants.*
NOUGUIER. — *Des tribunaux de commerce* (t. I, p. 397).
ORILLARD. — *De la compétence et de la procéd. des trib. de commerce.*
PARINGAULT. — *Revue pratique* (t. VIII, p. 433 et s.).
TOUBEAU. — *Institutes consulaires.*
VINCENS. — *Tome I, liv.* 2 (chap. 2, p. 74).
VOLTAIRE. — *Politique.*
X***. — *Praticien des consuls.*
XÉNOPHON. — *Des revenus de l'Attique.*

DOCUMENTS ET MONOGRAPHIES

Annales de l'Ecole des Sciences Politiques 1886 (p. 566 et s.).
Déclaration du 2 octobre 1610.
DUVERGIER. — *Recueil des Lois* (loi du 5 mars 1840).
Edit de 1563 sur les juridictions consulaires.
Ordonnance de Blois sur les juridictions consulaires.
Officiel 1885. N° du 30 décembre.
Statistique. — Tableau du commerce par l'Administration des douanes.
    «   Tableau de la justice par le Garde des Sceaux.
Revue critique de législation, 1888 (p. 267 et s.).
Revue pratique, t. IX (p. 7 et s.).

DE LA CONSTITUTION

DES

JURIDICTIONS CONSULAIRES

« Les affaires du commerce sont très peu
« susceptibles de formalités ; ce sont des ac-
« tions de chaque jour que d'autres de même
« nature doivent suivre chaque jour ; il faut
« donc qu'elles puissent être décidées chaque
« jour»

(MONTESQUIEU, *Esprit des Lois*,
LIV XX, CH. 20.)

MONSIEUR LE BATONNIER,

MESSIEURS,

Il est, dit-on, de par le monde, un archipel peu nombreux, connu de tous au moins de nom, ce sont les Iles Fortunées.

S'il faut en croire Fénelon qui le premier nous en parla, les heureux habitants de cette féerique contrée y jouissent d'une éternelle jeunesse, au milieu des bocages et des fleurs, sous le soleil d'un printemps sans fin.

La Science y est agréable ; et sous l'influence d'un Esprit bienfaisant, il y règne une perpétuelle et aimable gaieté.

Ces îles sont donc parfaitement connues; les auteurs en ont décrit les moindres détails, sauf un, qui cependant a son importance :

On n'a jamais pu savoir où elles étaient situées.

Ce point inconnu, j'ai pu le découvrir ; je fus admis dans ces régions dorées, il y a deux ans, quand vous avez bien voulu, Messieurs, me recevoir parmi vous.

L'Ile du Bonheur ne peut mieux être personnifiée que par le

savant Barreau devant lequel j'ai l'honneur immérité de porter la parole.

— La Science y est agréable et sous l'influence d'un Esprit bienfaisant, il y règne une perpétuelle et aimable gaité. —

Certes, Messieurs, c'était un pays enchanté pour le nouveau venu que cette Chambre des Avocats où on l'accueillait avec tant de bonté, que ce Barreau de Poitiers dont il aura peut-être la peine bien réelle de se séparer, mais auquel il restera toujours attaché par les doubles liens de l'amitié et de la reconnaissance.

Qu'il me soit permis de présenter ici l'hommage sincère de mon affectueux dévouement au maître vénéré (1) qui, pendant deux années trop courtes pour nous, s'est si généreusement dépensé pour guider et diriger nos pas à travers les difficultés de la pratique et les sinuosités de cette forêt embroussaillée, qu'on appelle : la Procédure.

De toutes les lois qui régissent l'homme, la plus ancienne et la plus sacrée, qui a été décrétée dès les premières heures de l'humanité, c'est la loi du travail : « Tu gagneras ton pain à la sueur de ton front ».

Les façons de satisfaire à ce précepte sont multiples depuis les classes laborieuses jusqu'aux Arts libéraux, mais la carrière qui groupe autour d'elle le plus d'individus, qui réunit le plus d'intelligences et le plus de bras, c'est sans contredit, celle du Commerce et de l'Industrie.

Laissant de côté une distinction un peu technique entre l'intermédiaire et le fabricant, je grouperai pour la clarté de l'étude sous le terme plus général de commerce ou commerçants, les différents genres de professions ou de classes qui se rattachent étroitement aux affaires commerciales.

*_**

Dès les temps les plus reculés, le commerce, Messieurs, fut la principale source de richesse, et par là, de puissance. Tyr lui dut sa suprématie ; Syracuse, sa fondation.

(1) Me Paul Druet, bâtonnier sortant (1891-1892).

Au Moyen-Age, il fit la grandeur des villes Hanséatiques et l'opulence écrasante, mais éphémère, de la République de Venise.

Sans sa précieuse ressource enfin, notre patrie, Messieurs, aurait peut-être un territoire moins étendu ; car, d'après Alain Chartier et Monstrelet, c'est à Jacques Cœur que la France doit la conquête de la Normandie, pour laquelle le grand exportateur fournit tout l'argent nécessaire. Je n'irai pas jusqu'à prétendre avec de Thou, que « *la France est autant redevable aux seuls Etienne, marchands imprimeurs, qu'aux plus grands capitaines,* » mais je crois pouvoir avancer que le commerce est une nécessité pour la prospérité d'un État.

Un des pères de l'économie politique, Sénèque, dans son traité du Mépris des Richesses, écrit avec une plume d'or, formula le premier cette idée en s'écriant :

Les marchands sont aussi utiles à une ville que les médecins à un malade » — Comparaison erronée, je le remarque en passant, car ce ne sont pas les médecins qui font vivre le malade, mais bien le malade qui fait vivre les Médecins.

De nos jours, le commerce a pris une extension des plus considérables. En 1891, nos commerçants ont procuré à la France un roulement de capital de 8 milliards 338 millions avec l'extérieur !! (1).

Huit milliards, Messieurs ! ! rendez-vous compte de l'importance de ce chiffre en songeant que si depuis la naissance du Christ, on avait mis à part un franc par minute, on n'aurait pas encore un milliard ! (2).

On comprend qu'en face d'une valeur aussi puissante, le législateur ait satisfait aux exigences du commerce et ait reconnu pour lui la nécessité de lois d'exception. Le mouvement vertigineux des transactions commerciales serait vite arrêté si on lui imposait les rouages surannés de notre vieille Procédure. Aussi trouvons-nous pour les commerçants une représentation spéciale (3), une législation exceptionnelle, une juridiction particulière.

Ce dernier point seulement va nous occuper.

---

(1) Tableau gén. du commerce de 1891. — (Administration des douanes.)
(2) Le milliard ne sera atteint qu'en avril 1902.
(3) Conseil supérieur du commerce ; chambres de commerce, etc.....

L'institution de la juridiction consulaire remonte à la plus haute antiquité.

Rassurez-vous, Messieurs, je ne vous en infligerai pas l'historique ; un simple coup d'œil rétrospectif sera en tous points plus avantageux.

Le plus ancien document que j'aie pu découvrir en la matière, est cette phrase de Xénophon : *Proposez des gratifications à des juges d'un tribunal de commerce qui terminerait les procès avec plus d'équité et de célérité, de manière que celui qui voudrait partir ne fut pas retenu* (1).

Ce souhait fut exaucé, car Démosthène nous apprend l'existence d'un tel tribunal à Athènes (2).

Au xiiiᵉ siècle, les tribunaux de commerce nous vinrent d'Italie (3). La juridiction des Marchands, le *Par'oüet aux Borgeois*, institué vers 1250, avait en 1292 à sa tête, Jean Anode qui le premier prit le titre de Prévôt de la Marchandise de Liaue de Paris.

Néanmoins, l'organisation de ces prévôtés ne devint définitive que par l'Édit de 1563.

On reconnut vite les bienfaits d'une telle institution ; partout, on la voulut, on l'étendit partout.

Nicodème (4), Jousse (5), Maréchal (6) et tant d'autres furent unanimes à saluer son apparition au détriment des juridictions ordinaires et rien n'est piquant comme la réflexion de Mézeray (7) à ce sujet :

« A l'exemple de Paris, dit-il, 10 ou 12 des meilleures villes du royaume voulurent avoir une pareille juridiction *et on s'en trouva fort bien.* En effet, s'il y en avait dans toutes et que la souveraineté de leurs jugements allât jusqu'à 1.000 écus, elle ferait sécher sur pied la chicane qui meurt d'envie de mettre la main sur un morceau si gras qu'est celui du commerce. »

(1) Xén., *Des revenus de l'Attique*, ch. iii.
(2) Démost. contr. Apat. et Phorm.
    Cfr. Montesq., *Esp. des lois*, XX, 20, p. 281.
    Nicod., *Ex. des comm.*
(3) Bornier, *Conf. sur l'O des comm.*, tome II, p. 176.
(4) Nicod., *Ex. des comm.*, 1ʳᵉ partie, pp. 158 et 159.
(5) Jousse, *Comm. sur l'O. du comm*, tit. XII, p. 288.
(6) Maréch., *Institutes du droit cons.*, liv. I, tit. i, p. 53.
(7) Mézeray, *Hist. de Charles IX*, tome VIII, pp. 287 et 288, édit. de 1717.
    Cfr. *Praticien des consuls*, p. 247.

En 1566, trois ans après l'Édit, fut fondé le tribunal de commerce de Poitiers (1). — Le jour de la Fête-Dieu, vêtus de leurs longues robes d'écarlate violette, nos consuls poitevins marchaient gravement au milieu du cortège, après le Maire et les Échevins, ayant à leur tête le Prévôt des Marchands.

Leur cérémonial était minutieusement réglé; pour en avoir une idée, il faudrait lire dans les Coutumes ce qu'on y dit « des Titres » honorables, du Droit, du Rang, du Pas et de la Préséance dues » aux Consuls et aux Marchands dans les Cérémonies et les Ac-» tions publiques ».

Le Roy les avait en telle estime que souvent « il les logeait chez lui » (2).

De nos jours encore, vous le savez, Messieurs, la charge de juge au tribunal de commerce est à bon droit honorée. « On a raison, dit un auteur moderne (3), d'accorder des distinctions honorifiques à ceux qui abandonnent leurs affaires pour s'occuper des affaires d'autrui, ne recevant aucun salaire pour leurs pénibles travaux. » Aussi le Gouvernement décore-t-il souvent un Président de tribunal de commerce au bout de quelques judicatures.

.*.*.

Depuis leur origine, Messieurs, les juridictions consulaires ont suivi la marche ascendante du progrès commercial. A raison des intérêts considérables qui se débattent aujourd'hui devant elles, sans cesse elles ont vu s'accroître leur importance. — Eh bien! par une routine inexplicable, elles ont encore l'organisation très primitive d'il y a 3 siècles.

Il est possible qu'au début, la constitution des tribunaux de commerce fut bonne. Leur compétence, à cette époque, n'excédait pas *50 sols* et j'admets sans difficulté que, pour trancher des différents d'un pareil intérêt, il n'était pas besoin de jurisconsultes; le bon sens pouvait suffire à décider. Il n'en est plus de même aujourd'hui. Certaines causes commerciales présentent des questions

---

(1) *Prat. des cons.*, Introduction, p. 55.
(2) Ainsi, Louis XIV offrit en 1680 le château d'Angers aux consuls de cette ville pour y tenir leurs audiences.
(3) Nouguier, *Des tribunaux de commerce*, tome I, ch. VIII, n° 4.

*

de droit qui embarasseraient fort la plupart de nos meilleurs jurisconsultes, et pourtant il appartient souvent à de simples commerçants de les trancher.

Cette disproportion ridicule suffirait à occasionner bien des inconvénients ; mais il est encore autre chose. Loin d'accepter les
améliorations qui s'étaient produites, le législateur de 1807 a tout
repoussé ; et je ne crains pas de dire, et j'espère prouver que la
constitution actuelle d'un tribunal de commerce est plus mauvaise
que jamais : c'est un véritable contre-sens.

Nous allons examiner le mal.

Nous discuterons ensuite le remède.

***

La constitution d'un tribunal de commerce peut revêtir
3 formes :

— Ou bien le tribunal est composé exclusivement de commerçants.

— Ou bien exclusivement de magistrats.

— Ou bien enfin sa composition est mixte ; avec des commerçants
siègent des magistrats.

Cette dernière forme est de beaucoup la meilleure. Les constitutions
exclusives sont pleines de défauts, la composition mixte réunit
presque tous les avantages ; et je vous demande, Messieurs, d'ad-
mettre *à priori* ce principe que la suite de notre étude justifiera.

« *Une juridiction commerciale bien comprise doit se composer de 2 éléments : l'élément commercial et l'élément judiciaire.* — L'un juge le fait ; l'autre, le droit.

Le principe posé, il nous faut l'établir d'une façon irréfutable.
Ce sera facile.

D'abord, l'examen des juridictions exclusivement commerciales,
ou exclusivement judiciaires, va nous révéler leurs évidentes im-
perfections ; tandis que, d'un autre côté, l'examen des juridictions
mixtes fera ressortir leurs nombreux avantages.

Et pour entamer une tâche qui nous offrira parfois des perspec-
tives bien gaies, et des horizons bien inattendus, je commence
Messieurs, par faire passer sous vos yeux les tribunaux de commerce composés seulement de magistrats.

Hélas, nous n'avons qu'à regarder ce qui se passe chez nous. Car c'est ainsi fait. Alors que dans toute l'Europe on a compris et adopté le système mixte, en France on en est encore au système d'un seul et unique élément. Il a deux formes comme vous le savez, commerciale ou judiciaire ; toutes deux sont mauvaises ; nous les avons toutes deux. La troisième, la bonne, c'est celle que nous n'avons pas.

Chaque jour à la vérité, les auteurs le déplorent, les praticiens font retentir leurs plaintes, parfois un député a essayé de s'en faire l'écho. Vains efforts ! Malgré les projets de loi, malgré les réclamations du commerce, malgré les desiderata des auteurs, malgré même l'exemple que l'Europe lui donne, le législateur, atteint d'ataxie... législative, recule devant l'ennui d'une réforme et laisse les choses en l'état où elles sont.

Voyons donc rapidement, Messieurs, le mécanisme de notre juridiction commerciale, et prenons d'abord l'élément judiciaire seul, c'est-à-dire nos tribunaux civils jugeant commercialement.

***

Sur ce point, je serai très bref.

La question n'est pas discutée ; tous reconnaissent que ce mode de juridiction est défectueux. Aussi n'existe-t-il que dans les centres dont l'importance commerciale ne permet pas l'établissement de tribunaux consulaires. Dans ce cas, le tribunal civil juge commercialement.

Vous avez déjà saisi, Messieurs, que si l'on a reconnu bon de faire juger les affaires de commerce par des commerçants, on reconnaissait par là même mauvais de faire juger les affaires de commerce par des magistrats. Les juges de nos tribunaux civils sont, je le sais, fort compétents ; ils appliquent très justement sans doute les principes du Droit et les articles du Code ; mais que de fois en matière commerciale la loi ne doit-elle pas céder la place à la coutume, que de fois la théorie ne doit-elle pas s'incliner devant la pratique. Les magistrats ne peuvent que bien difficilement être au courant de cette dernière, et par conséquent peuvent se trouver embarrassés à chaque instant dans ces sortes de causes. — C'est précisément,

Messieurs, ce sentiment de profonde vérité qui fut la base originaire de nos tribunaux de commerce.

Je n'insiste donc pas et me contente de citer un auteur dont les ouvrages font loi en la matière, M. Lyon-Caen (1) : « On a constaté « bien souvent, dit-il, en Belgique et notamment en France, que les « jugements rendus en matière commerciale par les tribunaux « civils dans les ressorts où il n'y a pas de tribunaux de commerce, « sont réformés en plus grand nombre que les jugements rendus « par les tribunaux de commerce. »

Cet argument, Messieurs, me paraît décisif. J'en ai voulu vérifier par moi-même la véracité avant que de vous le soumettre, et la statistique la plus récente, l'est venue consacrer. En 1888, les tribunaux de commerce ont eu 71 0[0 de confirmation en appel, alors que les tribunaux civils jugeant commercialement atteignaient seulement un pour cent de 67. — La différence, bien que faible, atteste la supériorité des tribunaux de commerce, surtout quand on envisage que c'est sur un chiffre de 192.576 affaires que fut établi le pour cent de ces derniers (2).

***

L'élément judiciaire composant seul un tribunal de commerce est donc défectueux, nous venons de le voir. L'élément commercial seul, cependant meilleur, est loin d'être parfait. Tout à l'heure, l'imperfection venait de l'ignorance de la pratique du commerce chez les magistrats ; ici, le défaut va résulter de l'excès opposé : ignorance des principes du droit chez les commerçants.

En effet, l'insuffisance de la majorité des juges consuls en matière juridique n'est un secret pour personne. Ah ! s'il ne s'agissait que de questions de fait, je suis le premier à proclamer avec Jacquier « qu'en cette matière, tout le monde est convaincu qu'un marchand décide mieux que le plus profond jurisconsulte ».

Mais il s'élève aussi des questions de droit et le juge consul est alors le plus souvent insuffisant. Il est cependant une erreur universellement répandue, c'est « qu'avec un bon jugement et une conscience droite, on peut facilement résoudre toutes les difficultés

---

(1) *Annales de l'école des sciences politiques*, 1886, p. 566.
(2) *Compte-rendu gén. de la justice*, par le garde des sceaux (1888).

qui naissent des rapports si variés des hommes entre eux ». De là, bien des commerçants ont pu se croire parfaits jurisconsultes. Ils sont excusables, car ce sentiment de suffisance général est partagé par beaucoup de gens ; il a même inspiré l'économiste Say qui voulait remplacer les tribunaux par des jurys, sous prétexte « que la conscience et l'équité sont des règles plus sûres que celles du Code. »

L'idée, je le reconnais, est digne de considération, mais elle porte l'empreinte d'un préjugé dangereux ; « il faut dans toute société des règles positives et nécessairement nombreuses ; leur connaissance ne s'acquiert pas sans de longues études ; leur application ne peut se faire qu'à l'aide de principes dont l'ensemble constitue une science que l'on ne sait comme toutes les autres qu'après l'avoir apprise et qui, il faut bien l'avouer, est presqu'entièrement ignorée de la plupart des juges consuls ».

Je sais fort bien que les commerçants ont des affaires très absorbantes qui leur interdisent toute étude de longue durée, surtout celle du droit dont les limites ne sont jamais atteintes. Mais au moins voudrais-je chez ceux d'entre eux que la confiance de leurs concitoyens a investi d'une fonction consulaire, la connaissance des premiers éléments ; et ce modeste désir est loin d'être réalisé.

Un de nos plus anciens auteurs, Toubeau disait au xviie siècle « Quoiqu'il semble que dans la justice consulaire, on n'ayt besoin que de la lumière naturelle et qu'il n'y soit admis que la loi de nature et le droit commun ; néanmoins l'ignorance étant la mère des erreurs et de l'injustice, il est de l'intérêt public et particulier qu'un marchand ne devienne pas juge sans avoir quelque notion de la justice et de la juridiction consulaire (1) ».

Une foule d'auteurs se rallie d'ailleurs à cet avis (2), et je crois résumer ainsi leurs opinions :

Le manque de connaissance des principes juridiques amène le juge *à faire la loi* au lieu de *l'appliquer*.

---

(1) Toubeau, *Institut. consul.*, pp. 61 et suiv.
(2) Cfr. Bacon, *Essais de morale*, ch. lii.
    Jousse, *Comment. sur l'O. du comm.*, pp. 349 et suiv.
    Voltaire, *Politique*, tome I, p. 126.
    Ordonnance de Blois, art. 147.
    Déclaration du 2 octobre 1610.
    Nicod., *Ex. des comm.*, 1re partie, p. 5, *in fine*.

Avec notre organisation consulaire actuelle, il faudrait donc au moins la teinture juridique dont parlait jadis Toubeau. Et il ajoutait naïvement : « Je veux bien demeurer d'accord qu'il n'est pas nécessaire que les juges consuls, comme les Scribes chez les Juifs, sachent jusqu'à la Magie pour s'empêcher d'être trompés, sachent 70 langues pour rendre la justice par eux-mêmes, et n'être pas obligés d'avoir recours à un interprète (1). » Mithridate, à ma connaissance, Messieurs, fut le seul homme capable d'un pareil héroïsme et d'une telle mémoire (2).

Non, je n'exigerai pas qu'un juge consul se pique de tout savoir ; je voudrais encore moins, bien entendu, que devenant sceptique, un excès de modestie le fît alors douter de tout. — Ce dernier cas n'est pas à craindre, et pourtant les commerçants et les articles du Code sont souvent étrangers. Il est vrai que si les premiers n'avaient que les seconds pour s'instruire, leur science serait très imparfaite ; que connaitraient-ils des Assurances terrestres, du Compte Courant, de la vente même que le législateur de 1807 a omis de traiter.

Certes la Loi a des lacunes, Messieurs, mais elle est femme; sa nature excuse ses quelques défauts.

Quoiqu'il en soit, et après ce long exposé des inconvénients du système d'élément unique pour les juridictions commerciales, j'espère vous avoir amené, Messieurs, à la certitude qu'en cette matière, la spécialité trop exclusive est mauvaise, qu'un tribunal uniquement composé de magistrats est inhabile à résoudre les questions de fait, qu'un tribunal uniquement composé de commerçants est rarement capable de résoudre les questions de droit.

Or, comme nous n'avons en France que ces deux modes de juridiction, je crois avoir justifié la première partie de ma proposition : notre constitution consulaire actuelle est défectueuse. — Mais il ne faut pas se borner à constater le mal ; nous avons maintenant à rechercher et appliquer le remède.

**

Le remède, Messieurs, vous l'avez déjà trouvé ; il est renouvelé de la fable de Florian, l'Aveugle et le Paralytique.

---

(1) Toubeau, *loc. cit.*
(2) Il avait 22 peuples sous sa domination et rendait à chacun d'eux la justice dans sa langue particulière.

Si à l'élément commerçial, excellent juge du fait, on joint l'élément judiciaire, excellent juge du droit, on aura un tribunal approchant la perfection de bien près. Il suffit, en un mot, d'établir une juridiction mixte et nous arrivons ainsi à prouver le bien fondé de notre principe :

Toute juridiction consulaire doit se composer de deux éléments.

Je n'ai point, Messieurs, le mérite de cette idée, c'est celle de tous les auteurs qui ont écrit sur ce point ; je n'en citerai qu'un, M. Lyon Caen, qui s'exprime ainsi :

« On a fait bien des objections à la juridiction consulaire ; on insiste surtout sur l'inaptitude des commerçants à résoudre les questions de droit difficiles, comme celles qui se présentent en matière de société ou de procédure...... On exagère les inconvénients qu'on reproche à cette juridiction et, du reste, il serait facile de les atténuer ou de les faire disparaître. Ils ne sont réels que dans les pays comme la France où les tribunaux de commerce se composent exclusivement de commerçants ; qu'on y introduise un élément judiciaire et les inconvénients qu'on peut reprocher à la juridiction commerciale disparaîtront........... Il importe au plus haut point que des magistrats de profession siègent à côté des commerçants. (1) »

— Reconnaissez, Messieurs, qu'une organisation ainsi faite épargnerait bien des peines aux malheureux avocats qui, plaidant une question de droit devant les juges consuls, sont obligés dans leur plaidoirie de faire un cours préalable au tribunal sur la question.

*_**

Seuls, avec la Belgique, nous sommes en arrière.

L'Italie, la Roumanie, la Suisse, la Bavière, l'Allemagne entière ont toutes une juridiction commerciale mixte. Les détails d'organisation varient, mais la base est partout la même : coexistence des deux éléments.

Il ne faudrait pas objecter qu'en Angleterre, en Hollande, et aux Etats-Unis, il n'y a même pas de juridiction commerciale. Ainsi que le fait remarquer Nouguier, ces pays sont tellement versés dans les affaires, que tout le monde y est apte à résoudre les ques-

_____

(1) Lyon, Caen, *op.* et *loc. cit.*

tions commerciales. — De plus, en Angleterre, on peut être jugé
par un jury de commerçants.

Ces pays ne sont donc point une exception, et dans toutes les
nations qui ont une juridiction commerciale, on suit et à raison le
système mixte ; on reconnait partout l'excellence de l'immixtion des
magistrats parmi les commerçants.

Voilà le remède trouvé, tout le monde est d'accord ; mais on ne
s'entend plus aussi bien sur les façons de l'appliquer. On veut bien
le mélange, on discute sa proportion.

**

Je mets immédiatement de côté les Cours d'appel ; leur organisation n'a pas à être modifiée. Dès l'instant où des juges commerçants ont examiné l'affaire en première instance, les usages du
commerce ont dû être pris en considération suffisante ; la Cour
doit être éclairée par le précédent débat (1). Laissons donc de côté
les Cours et ne nous occupons que des tribunaux.

Faut-il prédominance de magistrats, comme en Roumanie (2) et
en Bavière (3) ; ou l'élément commercial doit-il l'emporter en
nombre comme en Allemagne (4) et dans le canton de Zurich (5)?

La question est délicate comme toutes les questions de prédominance. Aussi ne la trancherai je pas directement ; au lieu de cher-
cher qui doit l'emporter en proportion, cherchons plutôt quel rôle
l'élément judiciaire doit jouer. Son plus ou moins d'importance lui
donnera droit à une plus ou moins grande proportion.

**

La plupart des législateurs trouvent que l'élément judiciaire est
tout désigné pour la présidence : un magistrat président et deux
commerçants juges.

Il est à peine un auteur ou deux qui aient vu, le danger d'une
pareille décision. C'étaient des praticiens.

(1) Il n'y aurait utilité à y introduire l'élément commercial qu'en cas d'appel de
tribunaux civils jugeant commercialement.
(2) On adjoint au tribunal civil deux commerçants, soit cinq membres.
(3) Trois magistrats et deux commerçants.
(4) Un magistrat président et deux commerçants.
(5) Deux magistrats et cinq commerçants.

En droit commercial, en effet, les auteurs sont surtout des thé-
oriciens; or, la question qui nous occupe est essentiellement pratique — je vous laisse à tirer la conclusion. Pour ma part, je rejette
absolument leur opinion sur ce point. Je demande de toutes mes
forces l'introduction des magistrats de profession dans nos tribunaux de commerce, mais je considère que les appeler à la présidence serait une mesure nuisible. — Ce n'est pas une direction
qu'il faut aux tribunaux consulaires, c'est un conseil.

Or, outre les froissements fâcheux qui ne manqueraient pas de
se produire, le président arriverait rapidement à prendre un ascen-
dant tel, qu'il composerait à lui seul le tribunal. Et c'est précisément là ce que l'on a voulu éviter, car les tribunaux de commerce
ont été institués pour soustraire aux juges ordinaires la connaissance
des affaires commerciales ; il faut donc se garder d'une mesure
qui aurait pour résultat de les leur redonner ; l'élément judiciaire
ne doit donc pas présider et conduire les débats ; sa seule mission
sera de les éclairer dans les cas difficiles.

Ce sont ces raisons, Messieurs, qui ont fait repousser le projet
F. Faure, déposé à la Chambre le 29 décembre 1885. Le projet ne
survécut pas à l'année ; il est inhumé dans les tiroirs d'une commission.

Dans un seul cas, une telle organisation est acceptable ; dans un
seul cas, on comprendrait un magistrat président et deux juges
commerçants : c'est celui d'un tribunal civil jugeant au commercial.
Ici, l'adjonction des commerçants serait des plus efficaces.

Hormis cette exception, je repousse toute direction donnée à
l'élément judiciaire. Ce qu'il faut aux juges consuls, c'est avoir là
un magistrat éclairé qui leur donne la solution juridique du débat, et qui, sans influencer leur jugement, l'empêche de s'écarter
des principes du droit.

**

Ce sentiment n'est point moderne et depuis longtemps on a compris le besoin de ce conseiller.

En 1680 déjà, Toubeau cite l'opinion de ses devanciers : « Le
« sentiment de Bergeron, dit-il, est que, dans les juridictions con-
« sulaires, il devrait y avoir un assesseur et procureur du Roy,
« pour mieux conseiller et aviser à ce qui est point de Droit et de

« pratique..... et afin d'obvier et remédier aux fautes et abus qui
« se commettent le plus souvent par l'ignorance et nonchalance des
« gens non lettrés. (1) »

Les Coutumes de Clermont, de Marseille et de Lyon obligeaient
à prendre l'avis d'un conseiller du Présidial et Cayeron nous dit
qu'en cas d'embarras, les juges consuls pouvaient appeler des con-
seillers, syndics, avocats et procureurs.

Or, Messieurs, la place du magistrat conseiller est tout indiquée.
Son rôle lui impose sa fonction ; il doit donner son avis sur les questions difficiles ; il doit conclure ; il lui faut remplir l'office d'un
ministère public.

Jadis, nos juridictions commerciales étaient ainsi constituées ;
l'ordonnance de 1673 tolérait l'existence d'un ministère public dans
les juridictions où les édits de création l'avaient admise, en général
dans le Midi.

La constitution juridique d'alors était supérieure à celle d'à pré-
sent, quand tout sombra au milieu des événements de 1790. — Lors
de la rédaction du Code de commerce, la commission proposa de
rétablir auprès des tribunaux consulaires un officier du ministère
public. Malgré l'approbation de la plupart des Cours et Tribunaux,
le projet fut laissé de côté.

On le reprit à propos de la loi du 5 mars 1840 sur les tribunaux
de commerce ; il fut repoussé par la raison incompréhensible « qu'il
changerait le caractère des juridictions consulaires, toutes concilia-
trices, toutes d'équité et de conscience ». J'avoue ne pas voir la
portée de ces motifs et ne change point de solution. Outre les pré-
cédents, outre l'autorité d'auteurs renommés, une institution du
genre de celle que je propose existe chez nos voisins dans le canton
suisse de Fribourg. Quand le tribunal a besoin d'y être éclairé, il
appelle un magistrat ou un avocat, et lui demande, en délibération
secrète, la solution juridique de la difficulté.

***

En France, cela se pratique autrement. Car, ne croyez pas,
Messieurs, que nos juges consuls n'aient pas senti, eux aussi, le besoin

---

(1) Toubeau, *op. cit.*, tit. i, liv. I, p. 16.
   Cfr. Denizart, tome I, 5°, consuls.
     Nicodème, *op. cit.*, 1ʳᵉ partie, pp. 83 et suiv.

d'un conseil et de l'assistance d'un homme de loi. Ils l'ont certaine-
ment et souvent éprouvé ; et, comme le législateur n'en a pas mis
près d'eux, ils ont cherché plus loin, et ils ont trouvé. On l'a dit
avant moi :

« Le vrai juge des tribunaux de commerce, c'est le greffier » (1).
C'est à l'avis de ce jurisconsulte que se réfèrent le plus souvent les
consuls ; c'est lui qu'on charge de rédiger les jugements ; il est dans
la coulisse, mais il joue le principal rôle.

Cette solution, Messieurs, n'est pas satisfaisante ; je suis loin de
nier la capacité du greffier ; il est indéniable qu'il ne soit plus au
courant des affaires du Palais que les commerçants qui composent
le tribunal consulaire. Mais cependant on ne peut lui laisser la tu-
telle de ce tribunal. — Je tiens pour meilleure la solution proposée
par la commisson de rédaction du Code de commerce (2), et qui
avait réuni, vous vous le rappelez, Messieurs, les suffrages des Cours
et des Tribunaux. Et, de fait, il est en sa faveur une foule de raisons. Je n'en énumérerai que quelques-unes.

— Il se peut qu'autrefois la présence du ministère public fut
moins nécessaire, mais nous sommes loin du temps « où les 2/3
des causes n'excédaient pas 60 sols (3).»

Aujourd'hui, autour de la juridiction commerciale, viennent
s'agiter les plus immenses intérêts. Des fortunes entières, des millions sont l'objet de litiges commerciaux. Plaçons nous donc,
pour apprécier la difficulté, au point où l'a amenée la marche ascendante du progrès commercial. Et puisque les tribunaux de commerce peuvent aller de pair avec les tribunaux civils pour le nombre
et l'importance des affaires, qu'on leur donne une organisation
aussi parfaite, qu'on les relève de l'infériorité surannée où on les
a laissés.   •

Or, à côté des magistrats de profession, rompus eux aussi par un
stage dénué d'agrément à toutes les rubriques du Code et à toutes
les minuties de la procédure, à côté de ces juges pleins d'expérience
de nos tribunaux civils, vous placez un ministère public, pour les
aider et faciliter leur tâche ; et cet aide vous le refuseriez à des
gens inexpérimentés sur les matières juridiques, comme le sont les

(1) Lyon-Caen, loc. cit.
(2) Locré, tome VIII, pp. 89 à 101.
(3) Déclaration de mai 1620.

commerçants. On serait moins surpris du contraire s'il venait à
exister, ce serait au moins plus logique.

***

Ce n'est pas tout. Le ministère public n'est pas seulement un aide
pour nos tribunaux ; sa présence est une garantie de plus pour les
plaideurs ; ses conclusions, une nouvelle sûreté pour l'interprétation des lois.

Le législateur l'a entendu ainsi et, dans une foule de cas, il l'a
expressément formulé. L'art. 83 du Cod. procéd. civile énumère
ces causes dans lesquelles l'intervention du ministère public est
obligatoire. Or, beaucoup de ces cas se reproduisent devant les tribunaux de commerce.

N'y voit-on pas, en effet, des déclinatoires sur incompétence,
des transactions sur faux incident, des récusations d'experts ? Les
femmes, les mineurs, les interdits, les prodigues, n'ont-ils pas besoin d'autant plus de sollicitude, que leurs obligations commerciales
peuvent les entraîner aux plus graves conséquences et qu'on peut
facilement alors abuser soit de leur inexpérience soit de leur fai-
blesse. Si le législateur a cru nécessaire d'éclairer dans tous ces
cas et par une discussion désintéressée, des juges civils, dès longtemps initiés à la connaissance et à l'interprétation des lois, est-il
prudent, est-il logique, d'abandonner *dans les mêmes cas*, les
juges de commerce à leurs seules inspirations ?

La raison a déjà répondu. De plus devant les tribunaux civils,
on a des avoués qui instruisent les procès, observent les formes et
souvent guident les magistrats ; les avocats par leurs discussions
contradictoires, éclairent — ordinairement — le débat.

Devant les tribunaux de commerce, au contraire, le ministère
des agréés n'est pas obligé ; les parties peuvent comparaître, se dé-
fendre en personne et les magistrats n'ont d'autre appui que leur
conscience et leur bon sens ; guide sûr quand il s'agit de discerner
un fait commercial ; vaine ressource quand la difficulté est com-
posée de questions de droit.

A ce point de vue encore, les tribunaux de commerce réclament
près d'eux les précieuses lumières d'un magistrat veillant à l'application des lois et maintenant la compétence en de justes limites.

Il y a, pour terminer, un dernier argument d'une vérité tellement imposante qu'il est admis même par les auteurs repoussant
l'institution d'un ministère public près les tribunaux de commerce.
Vous n'ignorez pas, en effet, Messieurs, je vous en demande pardon,
mais j'ai besoin de le rappeler pour la facilité de ce qui va suivre,
vous n'ignorez pas, dis-je, que la liquidation des faillites est en général confiée à des syndics.

Le but de cette institution fut : « qu'une administration intelligente et probe a pour résultat d'éviter des pertes considérables en
augmentant les dividendes. »

La considération est juste, l'application l'est moins. On peut se
demander, par exemple, si certains syndics ont bien toujours « une
administration intelligente et probe »? Si leur gestion évite bien réel-
lement « des pertes considérables? Si elle augmente vraiment le
chiffre des dividendes? Ne serait-ce pas plutôt celui des frais.

Il est, nous le savons trop, des choses légales, qui ne sont pas
toujours légitimes ; je ne veux pas aller plus loin, sûrs, Messieurs, que
vous avez compris l'utilité de la surveillance d'un ministère public
sur la liquidation des faillites et parfois sur les opérations des liqui-
dateurs.

Mais, objectera-t-on, la loi place les faillites, sous la surveillance du Procureur de la République ; elle y adjoint même celle
d'un juge commissaire !

C'est vrai ! Mais d'abord, le juge commissaire s'en rapporte toujours à ce que fait le syndic : et c'est forcé ! Comment voulez-vous
qu'un homme tout à fait neuf en procédure puisse efficacement sur-
veiller et contrôler les agissements de vieux routiers de Palais,
qui ont à leur disposition autant de voies et de traverses, qu'il y a
d'articles dans le Code !!

L'impossibilité est évidente, et les art. 465 et suivants sont des
mannequins rembourrés de paille, qui n'ont jamais effrayé personne. Quant à la surveillance du Procureur de la République,
c'est un trompe l'œil. Ce magistrat est impuissant à découvrir, à
réprimer tous les abus. Il lui faudrait n'avoir aucun autre souci ; il
ne peut saisir que ceux montrés au doigt par la notoriété pu-
blique.

Au surplus, écoutez, Messieurs, ce qu'en dit Nouguier : « Le procureur ne voit les détails des faillites qu'à travers le prisme des rap-

ports des syndics. Qu'adviendrait-il si ces syndics, par ignorance des affaires criminelles, quelques-uns diraient par connivence avec les faillis, manquaient à la juste satisfaction due à la société et aux égards dus au malheur des créanciers? En semblable matière, les intermédiaires sont dangereux, et c'est par ses yeux et non par ceux d'autrui que le ministère public doit regarder. »

Ainsi que je vous l'ai dit, Messieurs, tous les auteurs se rencontrent sur ce point. M. Lyon Caen, pourtant notre adversaire, avoue « que le seul avantage de la création d'un ministère public auprès des tribunaux de commerce serait peut-être de mieux assurer la répression des fraudes se rattachant aux faillites ». — Il est un autre adversaire, dont le nom, Messieurs, est loin de vous être inconnu, puisque nous avons eu l'honneur de le compter parmi ceux des grands avocats de notre barreau et qu'il est encore aujourd'hui représenté par un de nos anciens bâtonniers (1); cet auteur, dans les ouvrages duquel j'ai largement puisé, admet aussi l'utilité d'une réforme; il va même jusqu'à citer des arrêts de cassation ordonnant que, dans les tribunaux civils jugeant commercialement, le ministère public doit participer à l'audience et conclure de la même façon qu'aux audiences civiles ordinaires (2).

· C'est toujours le même contre sens. On aide les juges expérimentés; on laisse les simples commerçants à leurs propres forces.

***

Vous êtes sans doute surpris, Messieurs, de voir que les auteurs précédemment cités, M. Lyon Caen, M. Orillard rejettent un projet de réforme dans lequel ils reconnaissent pourtant beaucoup de qualités. Pourquoi refuser son assentiment à une institution qui présente d'excellents côtés. Il y a sans doute quelque énorme défaut!

Oui, c'est là ce que nos adversaires prétendent, mettant en avant Boncenne et son autorité.

Notre savant jurisconsulte poitevin avait dit :

« Il ne faut pas d'intermédiaire entre le commerçant qui plaide et le commerçant qui juge. »

---

(1) M° Orillard, ancien bâtonnier.
(2) Orillard, *op. cit.*, p. 826.

Et de là, on repousse notre système. Certes, le principe est beau, il est même vrai, et je l'adopterais... s'il était possible de le réaliser. Mais la pratique est toujours là, brutale pierre d'achoppement aux plus belles théories !

Oui, pas d'intermédiaire serait l'idéal ; seulement il faudrait chez le commerçant qui juge, la capacité de résoudre toutes les questions ; seulement il faudrait chez le commerçant qui plaide, le talent de clairement les exposer toutes.

Or, les rapports d'arbitres qui s'entassent annuellement dans les greffes, augmentant les dossiers et... les frais, sont autant de démentis donnés aux jurisconsultes.

Il faut et toujours il faudra un intermédiaire, parce que jamais personne ne pourra centraliser toutes les sciences et tous les talents.

***

J'en ai fini, Messieurs, avec le sujet de cette étude. Je la résume d'un mot, en concluant à la fusion des éléments commerciaux et judiciaires et à l'établissement près des tribunaux de commerce d'un officier du ministère public.

Il n'est pas d'objections suffisantes pour faire repousser cette institution dont nous avons vu les nombreux avantages.

Elle apportera une aide efficace aux juges consuls, une garantie plus complète aux plaideurs, une surveillance utile aux intérêts de tous. Avec les avis éclairés d'un magistrat, nous ne verrons plus de ces jugements ridicules, qui ont pu donner quelquefois une si pauvre idée de la juridiction consulaire.

Sans doute, le magistrat affecté à ce soin trouvera là une étude nouvelle et peut-être pénible, mais les services qu'il pourra rendre le dédommageront amplement de la peine qu'il aura prise.

L'idéal serait de trouver un jurisconsulte ayant autrefois été commerçant ; mais l'idéal est introuvable. Il faut se contenter d'admirer le portrait qu'en a tracé M. Carré, dans ses *Lois de la compétence* (1). — Le plus simple serait, je crois, de détacher un substitut du Procureur de la République et de lui confier la mission complexe dont nous avons parlé.

---

(1) Carré, *op. cit.*, tome II, p. 482.

Je ne veux pas m'asseoir, Messieurs, sans vous faire des excuses pour ma longueur. On risque fort d'être prolixe, toutes les fois qu'on discute ses propres intérêts. Je connaissais l'écueil, je n'ai pas voulu l'éviter, vous me le pardonnerez.

Vivant au milieu de commerçants dont vraisemblablement je ferai partie, chaque jour, j'ai entendu leurs réflexions, leurs doléances et même leurs plaintes. — J'avais l'occasion de m'en faire l'écho ; le conseil de l'Ordre me l'a bien voulu permettre, je lui en exprime ici ma sincère gratitude.

Nous n'avons plus maintenant qu'à attendre la réforme tant souhaitée et depuis si longtemps.

Les uns la désirent comme commerçants pour qu'elle replace à leur juste niveau les juridictions consulaires.

Pour nous, Messieurs, désirons la comme Français, pour que sur ce terrain-là comme sur aucun autre, la Patrie n'ait rien à envier aux nations voisines ! !

Poitiers, 17 Décembre 1892.

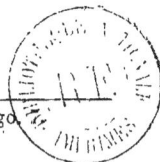

Poitiers. — Imp. BLAIS, ROY et Cie, rue Victor-Hugo

www.ingramcontent.com/pod-product-compliance
Lightning Source LLC
Chambersburg PA
CBHW060539200326
41520CB00017B/5294